Manualidades en 5 pasos

papel maché

Círculo de Lectores

Textos y realización de ejercicios: Anna Llimós
Fotografías: Nos & Soto
Diseño de la colección y maquetación: Leonardo Ribero

Círculo de Lectores, S.A. (Sociedad Unipersonal)
Travessera de Gràcia, 47-49. 08021 Barcelona
www.circulo.es
7006987654321

Licencia editorial para Círculo de Lectores
por cortesía de Parramón Ediciones, S.A.

ISBN: 978-84-672-2033-9
Depósito legal: B-10.426-2007
Impreso en España
N.º 19083 A

Sumario

Estrella

MATERIALES

Molde de plástico
Cartón piedra o "fallero"
Cola blanca
Pinturas anaranjada, blanca, negra y roja
Pincel
Esponja

1 Rellena el molde con trozos de cartón piedra previamente mojados y encolados por un lado. No pongas cola por el lado que toca el molde.

2 Aprieta el cartón con los dedos para que tome la forma del molde y dobla los trozos sobrantes hacia dentro para rematar el contorno.

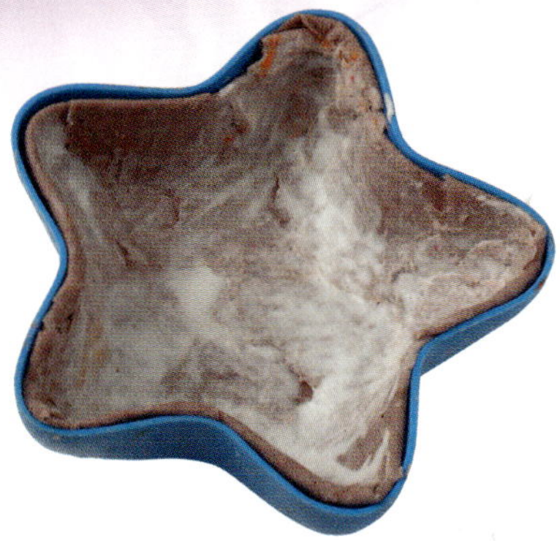

3 Una vez seca, desprende la estrella del molde.

4 Píntala de color anaranjado y dibújale la boca.

5 Píntale los ojos y decórala por los lados con una esponja humedecida en pintura.

¡Aprovecha los moldes de jugar en la arena!

Bailaora

MATERIALES

Embudo de plástico
Cartón piedra o "fallero"
Pinturas negra, blanca y roja
Papel de seda negro
Pasta de papel
Bola de papel
Cola blanca
Alambre
Pincel

1 Trocea el cartón, mójalo y pon cola por uno de los lados; luego cubre el embudo colocando la cara del cartón con cola hacia afuera para que no se pegue al embudo.

2 Una vez seco, retira el embudo. Luego realiza un churro con pasta de papel y cubre con él un trozo de alambre. Colócalo en la parte superior del embudo para obtener los brazos.

3 Pega la bola de papel encima de los brazos y pinta el vestido de color rojo.

4 Pinta los topos del vestido de color blanco, los brazos y la cara de color carne y realiza los ojos y la boca.

5 Enrolla tiras de papel de seda negro para hacer el pelo y pégalo a la cabeza.

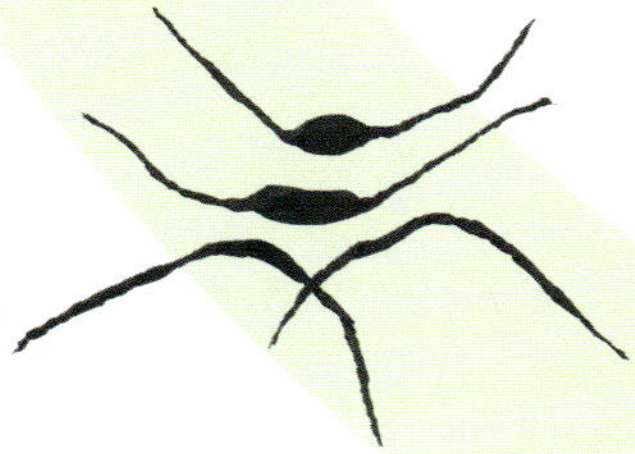

Una bailaora de flamenco.

Lápiz-estuche

1 Une uno de los cuencos de la huevera al tubo con trozos de periódico mojados en agua y cola.

MATERIALES

Pasta de papel
Tubo de cartón largo (de papel de cocina)
Pinturas marrón, negra y de color carne
Hojas de papel de colores
Huevera de cartón
Papel de periódico
Serpentina azul
Cartón ondulado negro
Cola blanca
Pincel

2 Con pasta de papel, realiza la punta del lápiz y pégala en la parte superior.

3 Pinta la punta negra y la madera de color carne.

4 Forra el lápiz con tiras de papel de colores mojadas y encoladas, y añade también algún trozo de serpentina.

5 Para hacer el tapón enrolla un trozo de cartón ondulado negro hasta que tenga el tamaño del agujero.

¡Guarda tus lápices dentro!

Pulseras

MATERIALES

Papel de periódico
Cinta adhesiva de papel
Papeles de seda azul y lila
Látex
Pincel

1 Realiza un churro con papel de periódico.

2 Fórralo con cinta adhesiva de papel.

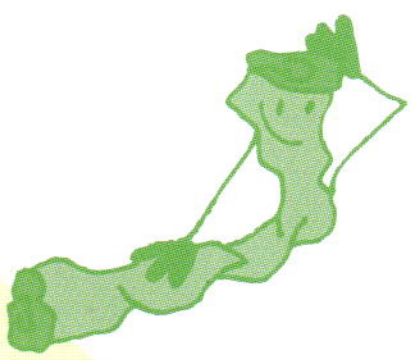

3 Une las puntas del churro para dar forma a la pulsera.

4 Corta trozos de papeles de seda azul y lila.

5 Forra la pulsera con los trozos de papel de seda pegándolos con látex disuelto en agua.

¡Haz pulseras de todos los colores!

Huevo frito con pan

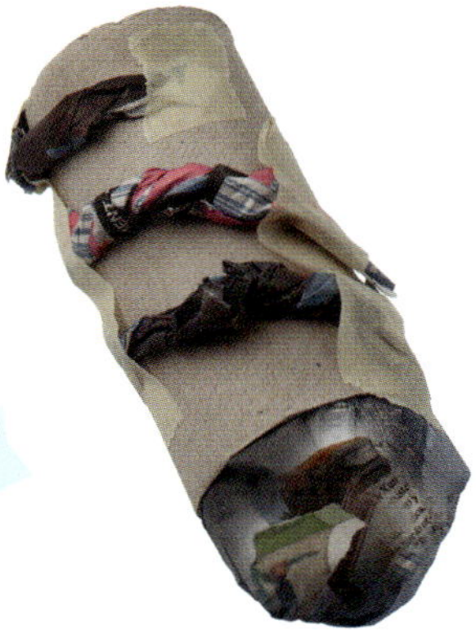

1 Realiza una bola de papel de periódico y únela a un extremo del tubo de cartón con cinta adhesiva de papel. Haz tres churros de papel de periódico y pégalos alrededor del tubo.

MATERIALES

Cartón piedra
Pasta de papel
Papel de periódico
Dos tubos de cartón de papel higiénico
Pinturas marrón claro y oscuro, blanca y anaranjada
Cinta adhesiva de papel
Cola blanca
Pincel
Esponja
Tijeras

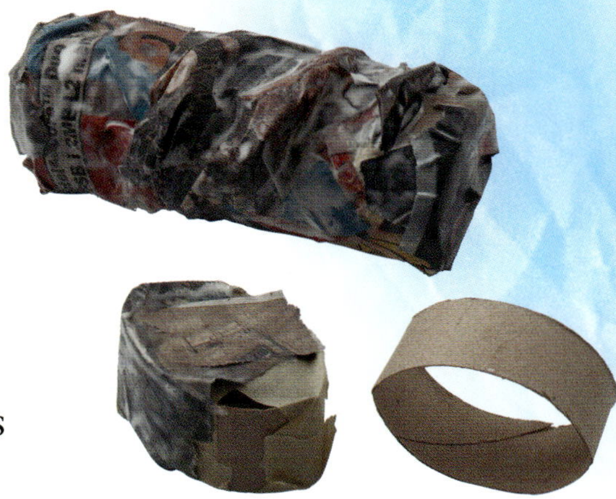

2 Corta dos aros de otro tubo de cartón para realizar las rebanadas, fórralos con cinta adhesiva de papel y luego recúbrelos con papel de periódico mojado y encolado.

3 Una vez seco, pinta la corteza del pan y de las rebanadas de color marrón oscuro y con la esponja mojada en pintura marrón claro simula el tostado de la miga.

4 Para realizar el huevo, recorta la clara en cartón piedra y haz la yema con una bola de pasta de papel.

5 Por último, una vez se haya secado, pinta la yema de color anaranjado y la clara de color blanco.

¿A que parecen de verdad?

Mariposa

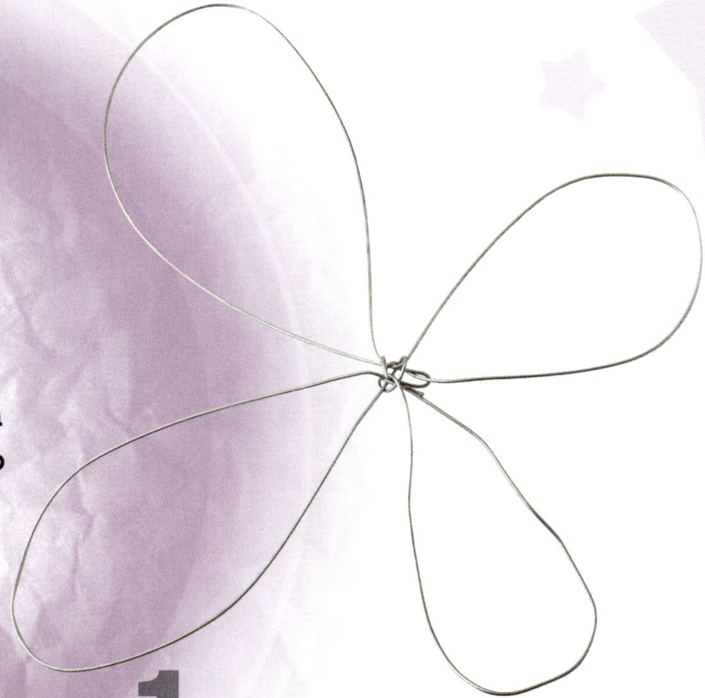

MATERIALES

Pasta de papel
Pinturas verde, roja y anaranjada
Papeles de seda rojo y anaranjado
Pegamento líquido
Alambre
Látex
Pincel

1 Retuerce dos alambres en forma de ocho y únelos por el centro para realizar la estructura de las alas.

2 Forra las alas con papeles de seda rojo y anaranjado pegándolos con látex y agua.

3 Con pasta de papel, realiza el cuerpo de la mariposa y dos bolas. Une las bolas al cuerpo con dos trozos de alambre para las antenas.

4 Una vez que la pasta de papel esté seca, pinta las antenas y el cuerpo de color verde.

5 Realiza rayas rojas y anaranjadas en el cuerpo y pinta la cara. Por último, pega el cuerpo a las alas con una gota de pegamento líquido.

¡A volar!

Ciempiés

MATERIALES

Pasta de papel
Dos palillos planos
Huevera de cartón grande
Pinturas azul, anaranjada, verde, blanca, roja y negra
Cola blanca
Pincel
Tijeras

1 Recorta la base de una huevera de cartón de doce huevos como indica la fotografía.

2 Con pasta de papel, realiza la cabeza y clávale dos palillos.

3 Pega la cabeza al cuerpo y déjalo secar.

4 Pinta el cuerpo azul, la cabeza anaranjada y las antenas verdes.

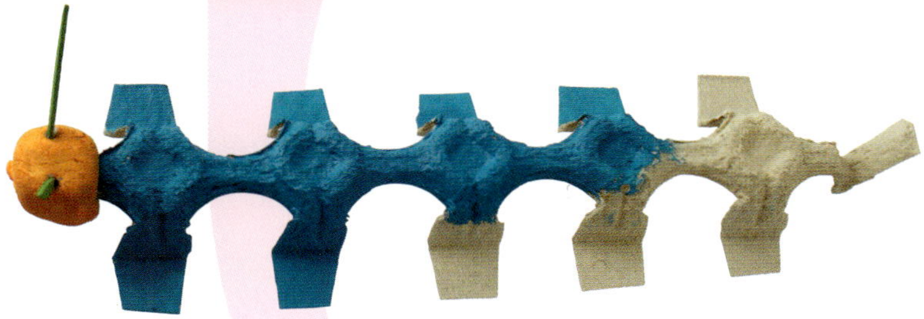

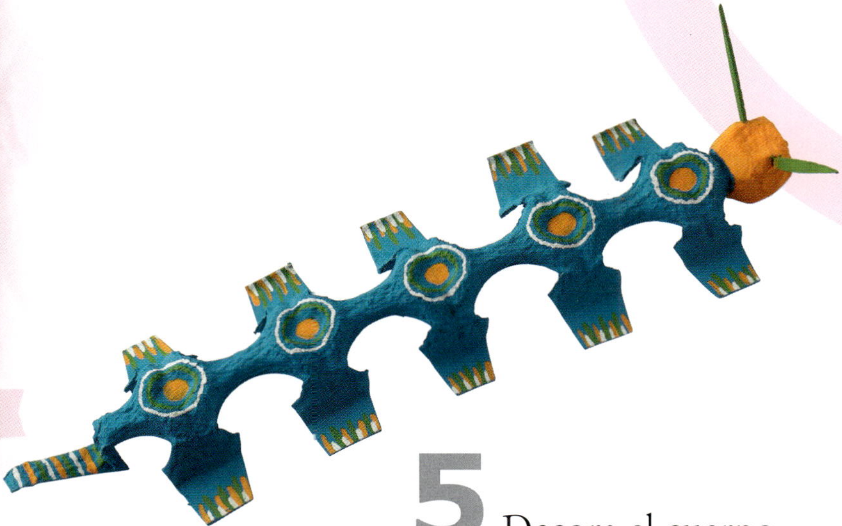

5 Decora el cuerpo con topos y rayas y dibújale la cara.

¡Cuántos pies tiene!

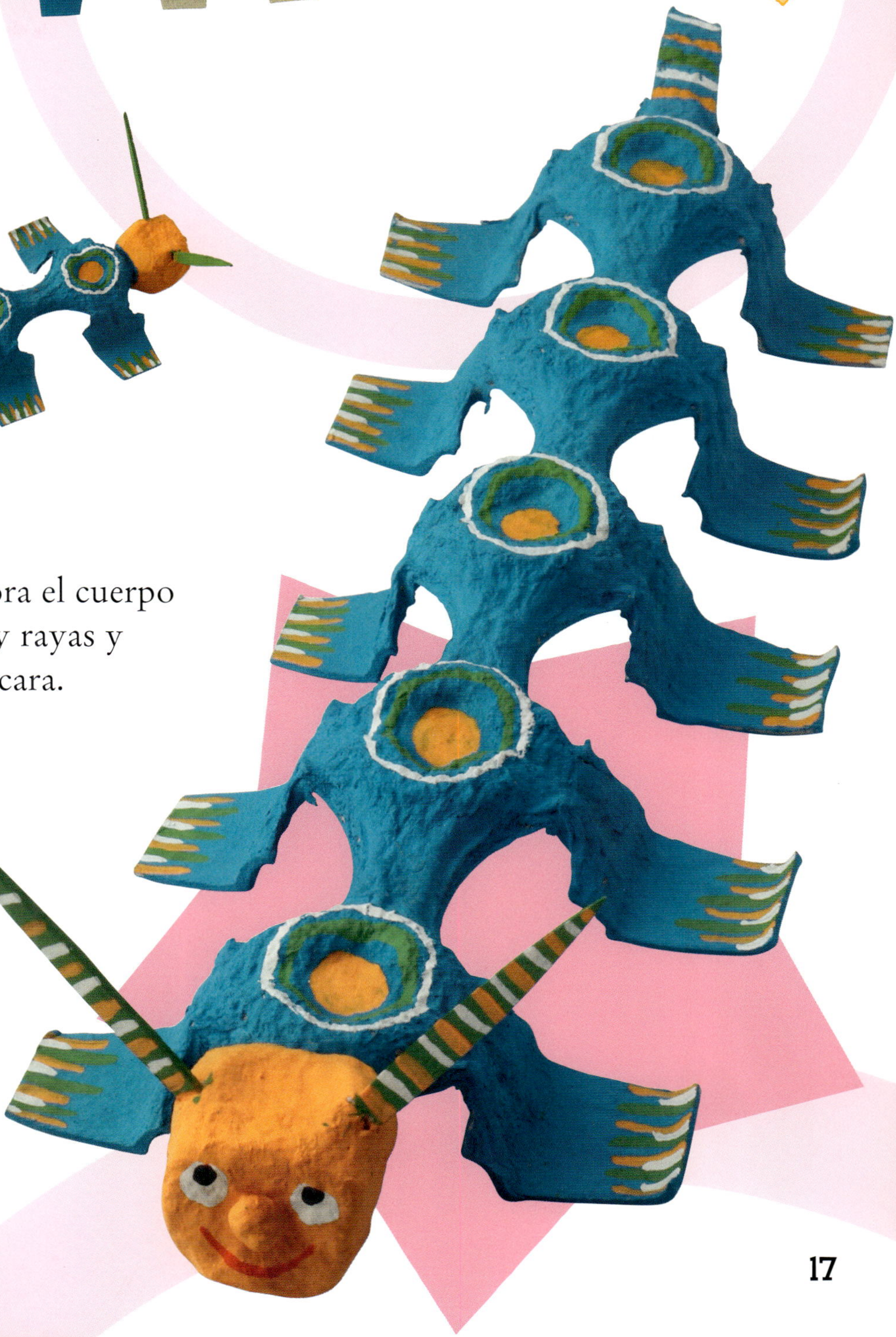

Cebra

MATERIALES

Papel de periódico
Dos tubos de cartón
de papel higiénico
Pinturas blanca, negra y gris
Cinta adhesiva de papel
Fieltro negro
Cola blanca
Pincel
Tijeras

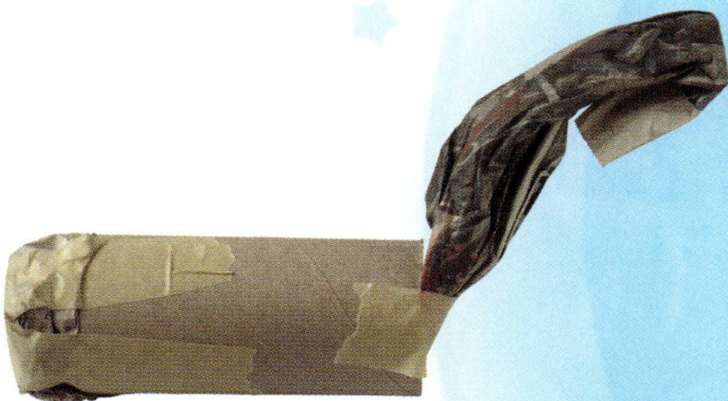

1 Introduce un trozo de papel de periódico por un tubo de cartón de manera que salga por uno de los extremos para realizar el cuello y la cabeza. Únelo todo con cinta adhesiva de papel.

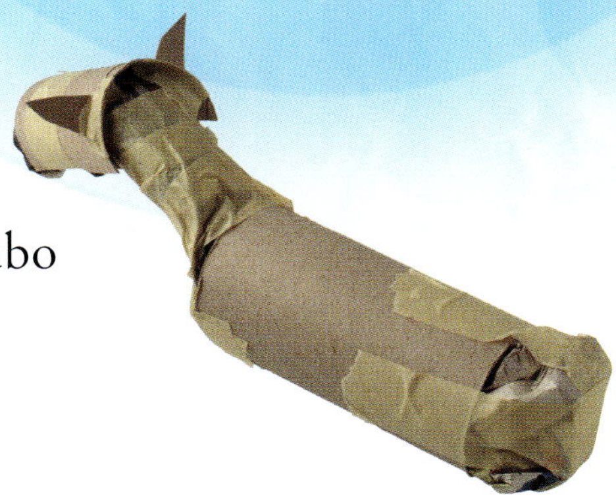

2 Modela la cabeza con un trozo de tubo de cartón y recorta las dos orejas con los restos del tubo.

3 Para las patas y la cola haz tres churros con papel de periódico y únelos al cuerpo con cinta adhesiva de papel. Cubre toda la figura con papel de periódico mojado y encolado y déjalo secar.

4 Una vez seca, pinta la figura de color blanco y hazle rayas negras; el morro puedes pintarlo de color gris.

5 En fieltro negro recorta la crin y pégala a la cebra con cola blanca.

¡Qué cebra tan real!

Salamandra

MATERIALES

Plastilina
Papel de periódico
Pinturas anaranjada, negra y blanca
Rotulador permanente
Cola blanca
Pincel
Tijeras

1 Modela la salamandra con plastilina.

2 Corta trozos de papel de periódico y úntalos con cola sólo por una cara. Mójalos y cubre la figura de plastilina con ellos. El lado con cola debe ir hacia fuera.

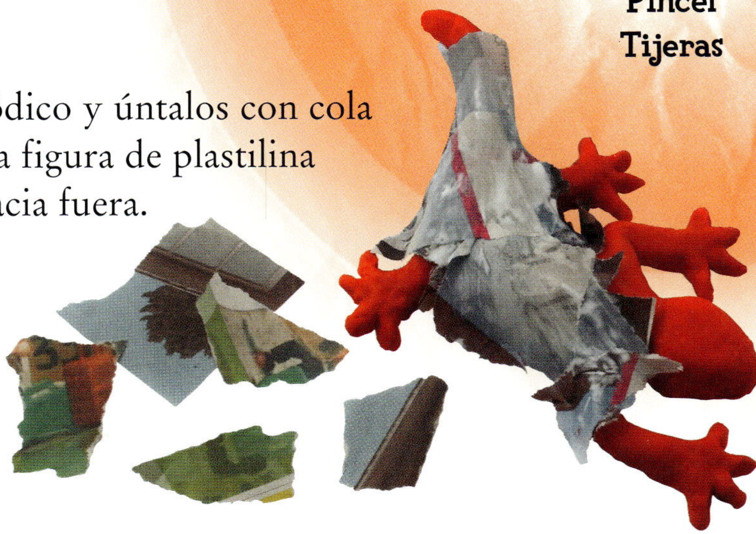

3 Cuando la figura esté seca, sepárala de la plastilina y recorta los bordes.

4 Píntala de negro, pero deja unas manchas dibujadas con un rotulador permanente sin rellenar.

5 Pinta las manchas de color anaranjado y realiza los ojos.

Una salamandra muy vistosa.

Bañista

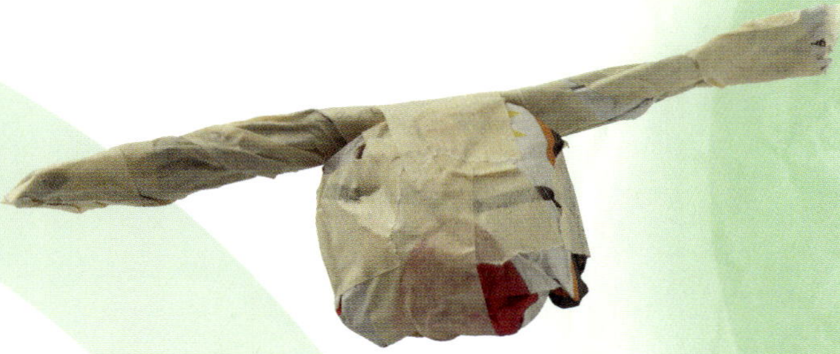

MATERIALES

Pasta de papel
Papel de periódico
Pinturas anaranjada, verde, blanca, roja, negra y lila
Cartulina azul
Cola blanca
Lápiz blanco
Rafia
Pincel
Tijeras

1 Realiza una bola con papel de periódico y únele un churro del mismo papel que serán los brazos; cúbrelo todo con papel mojado y encolado.

2 Con pasta de papel realiza un churro grueso y colócalo alrededor del cuerpo para simular el flotador.

3 Modela los pies y la cabeza con pasta de papel.

4 Una vez seco todo el conjunto, píntalo a tu gusto.

5 Por último, ata un manojo de rafia y pégalo encima de la cabeza. Puedes colocar la figura encima de una cartulina azul para simular el agua.

¡Al agua, patos!

Títere de palo

1 Realiza la cabeza y las manos con pasta de papel; únelas al palo de pincho pegando las manos al extremo de una cuerda atada al cuello del títere.

MATERIALES

Palo de pincho
Huevera de cartón
Pasta de papel
Papel de periódico
Pinturas anaranjada, amarilla, negra y blanca
Papel de seda azul
Cuerda
Cola blanca
Pincel
Tijeras

2 Recorta dos cuencos de una huevera de cartón e introdúcelos por el pincho.

3 Une los cuencos con papel de periódico mojado y encolado.

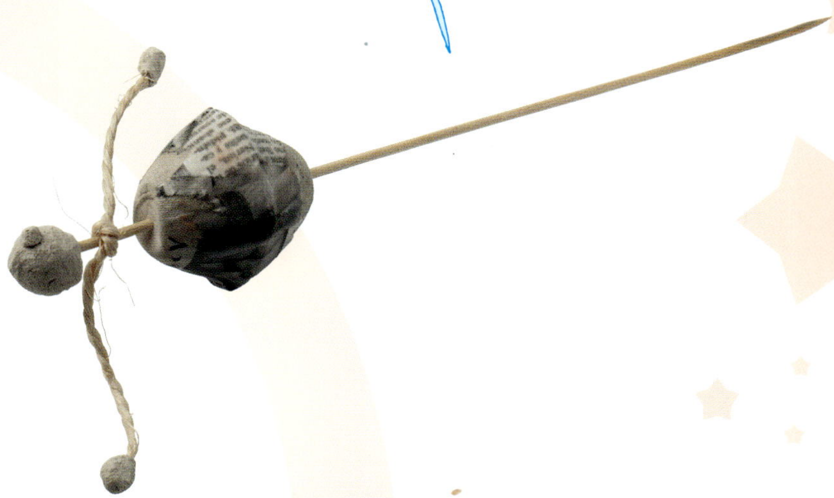

4 Pinta las manos y la cabeza de color anaranjado.

5 Pinta el cuerpo y la cara y colócale un trozo de papel de seda arrugado a modo de pelo.

¡Ya tienes un títere para jugar!

Murciélago

MATERIALES

Cartón piedra o "fallero"
Papel de periódico
Cinta adhesiva de papel
Cartulinas blanca y roja
Papel de seda negro
Rotulador negro
Cola blanca
Alambre
Látex
Tijeras

1 Modela el cuerpo con papel de periódico y cinta adhesiva de papel.

2 Cúbrelo con papel de seda negro y látex.

3 Realiza los ojos con cartulina blanca y rotulador negro y los dientes con cartulina roja. Pégalos a la cara con cola.

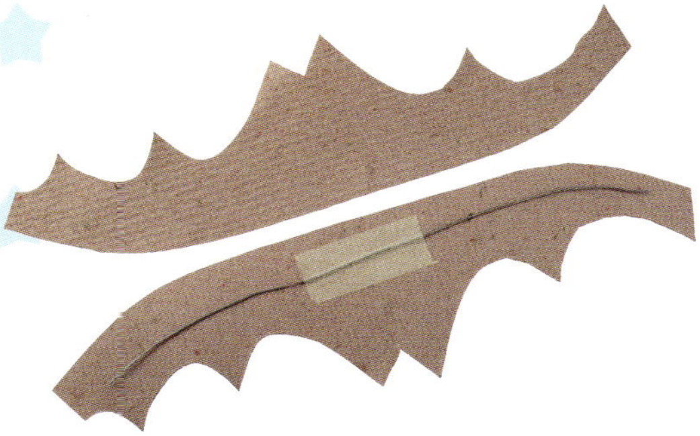

4 Dibuja y recorta las alas en cartón "fallero" (haz dos piezas iguales) y pégalas poniendo un trozo de alambre entre ambas.

5 Recúbrelas con papel de seda negro y látex y, una vez secas, pégalas al cuerpo.

¡Muévele las alas!

Micrófono

MATERIALES

Vaso de plástico
Papel de periódico
Tubo de cartón estrecho
Pinturas gris, roja, negra y blanca
Cinta adhesiva de papel
Papel de seda negro
Cola blanca
Pincel
Esponja

1 Modela una bola de papel de periódico y únela con cinta adhesiva de papel al vaso de plástico.

2 Cúbrelo todo con papel de periódico mojado y encolado y pega un trozo de tubo de cartón en la base del vaso.

3 Una vez seco, pinta el tubo de cartón de color negro y el vaso de color rojo.

4

Pinta de color gris la parte superior del micrófono y hazle manchas blancas con una esponja.

5

Realiza el cable con un trozo de papel de seda negro retorcido y pégalo dentro del tubo.

¡A cantar!

Gorra

MATERIALES

Papel de embalar azul
Cuenco de plástico
Papel de revista
Cartulina anaranjada
Cola blanca
Látex
Tijeras

1 Forra el cuenco por el interior con papel de seda azul mojado y encolado por la parte superior.

2 Dobla los bordes del papel hacia dentro para rematar el contorno y, una vez seco, sácalo del molde.

3 Recorta tiras de papel de revista con estampados que te gusten y pégalas con látex a la gorra.

4 Realiza una visera con cartulina dejando unas pestañas para pegarla a la gorra.

5 Pega la visera a la gorra.

¡Ya te la puedes poner!

papel maché

¿Podré hacerlo?

- Las catorce manualidades que te proponemos en este libro son súper-fáciles. Sin embargo, algunas son más sencillitas que otras. Mira la siguiente tabla y decide el trabajo más adecuado para ti. ¡Seguro que puedes hacerlos todos!
- Si algún paso te resulta un poquito más complicado, siempre puedes pedir a un adulto que te eche una mano.

¿Qué necesitaré?

- Puedes fabricar pasta de papel con todo tipo de papel: de periódico, de revista, de colores, de seda… Se fabrica machacando trozos de papel pequeños y mezclándolo todo con cola y agua.
- El cartón piedra o "fallero"es el papel maché de fabricación industrial que se vende ya listo para mezclarlo con agua. Se usa para hacer esculturas y decorados.

¿Algún otro consejo?

- Es importante que sólo pongas cola en el lado del papel o cartón que no toca al molde que utilices, pues si no te sería muy difícil sacar la manualidad del molde.
- Para lograr un mejor acabado, recubre la manualidad con masilla (pasta hecha con cal y yeso, para blanquear). Lograrás que la superficie de la manualidad quede más uniforme y sea más fácil de pintar.

UNAS MÁS FÁCILES QUE OTRAS

★

Pulseras

Micrófono

Estrella

Ciempiés

★★

Huevo frito con pan

Lápiz-estuche

Bailaora

Títere de palo

Gorra

★★★

Mariposa

Bañista

Murciélago

★★★★

Salamandra

Cebra